BEI GRIN MACHT SI
WISSEN BEZAHLT

- Wir veröffentlichen Ihre Hausarbeit,
  Bachelor- und Masterarbeit

- Ihr eigenes eBook und Buch -
  weltweit in allen wichtigen Shops

- Verdienen Sie an jedem Verkauf

**Jetzt bei www.GRIN.com hochladen
und kostenlos publizieren**

Bibliografische Information der Deutschen Nationalbibliothek:

Die Deutsche Bibliothek verzeichnet diese Publikation in der Deutschen National-bibliografie; detaillierte bibliografische Daten sind im Internet über http://dnb.d-nb.de/ abrufbar.

Impressum:

Copyright © 2010 GRIN Verlag, Open Publishing GmbH
Druck und Bindung: Books on Demand GmbH, Norderstedt Germany
ISBN: 978-3-668-02308-6

Dieses Buch bei GRIN:

http://www.grin.com/de/e-book/165753/balanced-scorecard-und-prozesskostenrech-nung-controlling-in-der-oeffentlichen

Anonym

Balanced Scorecard und Prozesskostenrechnung. Controlling in der öffentlichen Verwaltung

GRIN Verlag

GRIN - Your knowledge has value

Der GRIN Verlag publiziert seit 1998 wissenschaftliche Arbeiten von Studenten, Hochschullehrern und anderen Akademikern als eBook und gedrucktes Buch. Die Verlagswebsite www.grin.com ist die ideale Plattform zur Veröffentlichung von Hausarbeiten, Abschlussarbeiten, wissenschaftlichen Aufsätzen, Dissertationen und Fachbüchern.

Hausarbeit

im Rahmen des

Betriebswirtschaftlichen Studiums

Wintertrimester 2010

Thema: Controlling in der öffentlichen Verwaltung

Inhaltsverzeichnis

Abbildungsverzeichnis

Abkürzungsverzeichnis

Abb.	Abbildung
BSC	Balanced Scorecard
d.h.	das heißt
i.d.R	in der Regel
S.	Seite
vgl.	vergleiche
z.B.	zum Beispiel

1 Einleitung

Aufgrund anhaltender Haushaltsdefizite von Bund, Ländern und Gemeinden und der damit verbundenen Finanzsituation steigt der Kostendruck in öffentlichen Verwaltungen an. Die Anforderungen an Kostenrechnungssysteme steigen. Ein Instrument, welches Planung, Steuerung und Bewertung des öffentlichen Handelns unter Effizienzgesichtspunkten ermöglicht und zugleich das Fundament für eine Gebühren- und Entgeltkalkulation bildet, wird benötigt.

Auf der Suche nach neuen Steuerungsmöglichkeiten, die der öffentlichen Verwaltung aus der bestehenden Krise führen, werden Instrumente der privatwirtschaftlichen Steuerung auf deren Eignung in der öffentlichen Verwaltung überprüft.

In der vorliegenden Hausarbeit, motiviert durch diese Problematik, werden die prozessorientierte Kostenrechnung und die Balanced Scorecard als Controllinginstrumente der öffentlichen Verwaltung untersucht und deren Eignung festgestellt.

Dabei beschränkt sich das methodische Vorgehen auf die Literaturanalyse der einschlägigen Fachliteratur. Die Quellen wurden mit Blick auf ihre Geeignetheit zur Bearbeitung des Problems gesichtet, zusammengefasst und kritisch bewertet.

Der Aufbau der Hausarbeit gestaltet sich wie folgt. Zu Beginn soll die öffentliche Verwaltung als Untersuchungsgegenstand im Kapitel zwei analysiert werden. Dazu werden unterschiedliche Abgrenzungsansätze in Form von Zielen und Aufgaben betrachtet und verfassungsmäßige Grundsätze dargestellt.

Das dritte Kapitel thematisiert die Grundlagen und Ziele des Verwaltungscontrollings anhand der charakteristischen Merkmale der Verwaltungsbetriebe.

Im vierten Kapitel werden ausgewählte Controllinginstrumente vorgestellt und auf die öffentliche Verwaltung übertragen. Im ersten Teil des vierten Kapitels wird die prozessorientierte Kostenrechnung vorgestellt, wozu das Modell skizziert wird, sowie Ziele und Aufgaben dieses Kostenrechnungssystems aufgezeigt werden. Abschließend wird die Eignung der Prozesskostenrechnung für die öffentliche Verwaltung untersucht. Im zweiten Teil wird die Balanced Scorecard als Controllinginstrument vorgestellt. Es werden ebenfalls die Ziele und Aufgaben dieses Instrumentes dargestellt. Neben dem Grundkonzept werden die vier verschiedenen Perspektiven nach Kaplan und Norton vorgestellt und auf die öffentliche Verwaltung übertragen. Im Anschluss erfolgt eine Beurteilung des Systems als Controllinginstrument für die öffentliche Verwaltung.

Abschließend werden die zentralen Inhalte der Hausarbeit zusammengefasst und die Perspektiven für die wissenschaftliche Forschung aufgezeigt.

2 Öffentliche Verwaltung als Untersuchungsobjekt

Um im Folgenden mit dem Begriff der öffentlichen Verwaltung zu arbeiten und davon ausgehend die Eigenheiten der öffentlichen Verwaltung aufzuzeigen, muss deutlich gemacht werden, was unter dem Begriff öffentliche Verwaltung zu verstehen ist.

Öffentliche Verwaltungen der Bundesrepublik Deutschland sind die Verwaltungen der Gebietskörperschaften des Bundes, der Bundesländer, der Gemeindeverbände und der Gemeinden.[1]

Eichhorn und Friedrich charakterisieren öffentliche Verwaltungen als wirtschaftende Einheiten, welche öffentliche Ziele verfolgen und sich im öffentlichen, d.h. staatlichen Eigentum befinden.[2]

Die Ziele der öffentlichen Verwaltungen sind stets auf das Gemeinwohl ausgerichtet.[3] Häufig stellen die Ziele Zustände oder Ereignisse dar, dich sich mengenmäßig schwer erfassen lassen, wie z.B. die Gesundheit der Bürger oder die Wettbewerbsfreiheit.[4] Das oberste Ziel des öffentlichen Verwaltungsbetriebes besteht darin, die übernommenen öffentlichen Aufgaben effektiv und effizient zu erfüllen.[5]

Öffentliche Aufgaben sind Tätigkeiten, die aufgrund von Rechtsnormen oder von politischen Willensäußerungen von der öffentlichen Verwaltung erbracht werden. Eine weitere öffentliche Aufgabe ist es, politische Entscheidungen vorzubereiten.[6]

Einen Rahmen für alle Bestrebungen der Verwaltungsmodernisierung stellen die verfassungsmäßigen Grundsätze dar, die im Folgenden erläutert werden.

Laut Demokratiegebot sollen die Bürger an öffentlichen Entscheidungen beteiligt sein. Die Leistungsangebote der öffentlichen Verwaltung sollen sich an den Wünschen der Bürger orientieren. Das Rechtsstaatlichkeitsprinzip fordert von der öffentlichen Verwaltung, dass die Rechtsnorm nach Inhalt, Gegenstand, Zweck und Ausmaß ausreichend bestimmt und eingeschränkt ist. Der Eingriff soll messbar und für den Bürger berechenbar und vorauszusehen sein. Das Sozialstaatgebot beeinträchtigt sowohl das Leistungsangebot als auch die Gebührengestaltung für die Leistungen.[7] Die Gewinnmaximierung verkörpert in Verwaltungsbetrieben kein Zielkriterium, denn dies würde dem Sozialstaatsprinzip entgegenwirken. Der Gleichheitsgrundsatz sagt

---

[1] Vgl. Lüder, K., (Verwaltungen 1989), S. 1152

[2] Vgl. Eichhorn, P., Friedrich, P. (Verwaltungsökonomie 1976), S. 56

[3] Vgl. Eichhorn, P. (Betriebswirtschaftslehre 1997), S. 111

[4] Vgl. Brede, H., (Ziele 1989), S. 1868

[5] Vgl. Richter, M., (Controllingkonzeption 2000), S. 2 f.

[6] Vgl. Richter, M., (Controllingkonzeption 2000), S. 19

[7] Vgl. Richter, M., (Controllingkonzeption 2000), S. 26

aus, dass jeder Bürger unter gleichen Bedingungen gleich behandelt wird.[8] Aus dem Grundsatz der Bürgerfreundlichkeit ergibt sich, dass die Bürger als Zielgruppe des Verwaltungshandelns in die Abläufe und Entscheidungen zu integrieren sind. Dem Bürger sollen die Verwaltungsvorgänge durchschaubar gemacht werden, erklärt und begründet werden, wobei die Verwaltungen möglichst freundlich und hilfsbereit gegenüber dem Bürger auftreten sollen.[9]

Da öffentliche Verwaltung sehr vielseitig ist, ist eine umfassende und eindeutige Definition nicht möglich.[10] Aus diesem Grund wird Folgenden eine controllingrelevante Charakterisierung der öffentlichen Verwaltung vorgenommen. Diese Charakterisierung veranschaulicht grundlegende Sachverhalte, die ein Controllingansatz für die öffentliche Verwaltung berücksichtigen muss. Die Beachtung dieser Eigenheiten der öffentlichen Verwaltung ist ein wesentlicher Erfolgsfaktor bei der Übertragung von betriebs- und privatwirtschaftlich entwickelten Controllinginstrumentarien und Controllingkonzeptionen.[11] Hierzu ist es erforderlich die relevanten Besonderheiten von Führungs- und Leistungssystem des Verwaltungscontrollings zu analysieren.

3 Grundlagen und Ziele des Verwaltungscontrollings

Es lassen sich Spezifikationen des Führungssystems der Verwaltungsbetriebe ermitteln. Die charakteristischen Merkmale der Führungsteilsysteme Zielsystem, Planungssystem, Kontrollsystem und Informationssystem werden dazu aufgezeigt.[12] Auf die Berücksichtigung weiterer Führungsteilsysteme wie z.b. das Organisations- und Personalführungssystem wird verzichtet, um eine Koordinationskonzeption zu vermeiden.

Das Zielsystem einer Organisation umfasst den Zielinhalt, das Zielausmaß und den zeitlichen Bezug der Ziele.[13] Wobei sich Besonderheiten der öffentlichen Verwaltung gegenüber erwerbswirtschaftlichen Unternehmen in Zielstruktur und Zielinhalte ergeben. Private Unternehmen bedienen sich häufig an Zielen, die gut messbar und ausdrücklich formulierbar sind, z.B. das Ziel Gewinnmaximierung. Das Zielsystem öffentlicher Verwaltungen gilt als heterogen. Aus einem schrittweisen Zielbildungs-

---

[8] Vgl. Seifert, K., (Prozessmanagement 1998), S. 15

[9] Vgl. Richter, M., (Controllingkonzeption 2000), S. 27

[10] Vgl. Richter, M., (Controllingkonzeption 2000), S. 13

[11] Vgl. Rupp, T., (Controlling 2002), S. 106

[12] Vgl. Horváth, P., (Controlling 2009), S. 91 ff.

[13] Vgl. Heinen, E., (Entscheidungen 1971), S. 59 ff.

prozess, an dem verschiedene Machtzentren beteiligt sind, ergibt sich ein komplexes, häufig unklares Zielsystem.[14]

Zielinhalte, welche die Ergebnisse des Handelns benennen, können in Leistungs-, Erfolgs- und Finanzziele klassifiziert werden.[15] Teilweise werde Zielinhalte auch in Sach- und Formalziele differenziert, wobei Sachziele mit Leistungszielen[16] und Formalziele mit Erfolgszeilen[17] gleichgesetzt werden können. Die meisten Zielinhalte der öffentlichen Verwaltung werden durch die Aufgaben oder Leistungen der einzelnen Bereiche festgelegt. Leistungsziele bestimmen welche Leistungen in welcher Qualität und Quantität angeboten werden.[18] Sie werden unterteilt in intern orientierte Leistungsziele, welche sich auf Leistungen innerhalb der Verwaltungsbetriebe beziehen, und in extern orientierte Leistungsziele, welche sich auf den primären Zweck der öffentlichen Verwaltung beziehen. Der Leistungsinhalt extern orientierter Leistungsziele verkörpert den Output der Verwaltungsbetriebe an Bürger und gesellschaftliche Gruppen. Sie unterscheiden sich gegenüber erwerbswirtschaftlichen Unternehmen, wenn es sich um rein öffentliche Güter handelt, welche ausschließlich von Verwaltungsbetrieben angeboten werden können, wie z.B. die Bereitstellung von Sicherung, Recht und Ordnung. Bei Leistungen, welche auch von erwerbswirtschaftlichen Unternehmen angeboten werden können, bestehen keine Unterschiede.[19]

Erfolgsziele werden unterschieden in gewinnorientierte, kostenorientierte, politische, verwaltungsorientierte und rechtliche Erfolgsziele. Gewinnorientierte Erfolgsziele sind für die öffentliche Verwaltung nicht von Bedeutung, denn in der Regel werden Entgelte, Gebühren und Abgaben so erhoben, dass maximal eine 100%ige Kostendeckung der Verwaltungsbetriebe erreicht wird.[20] Somit stellt der Gewinn bzw. die Gewinn-maximierung keinen bedeutenden Zielinhalt für die öffentliche Verwaltung dar. Kostenorientierte Erfolgsziele können mit der Budgeteinhaltung, dem Kostendeckungs-prinzip oder dem Sparsamkeitsprinzip in Verbindung gebracht werden.[21] Kostendeckungsgrade werden entweder durch gesetzliche Vorgaben oder durch politische Entscheidungen festgelegt, indem z.B. die Höhe der Abgaben und Gebühren politisch diskutiert wird. Des Weiteren werden den Verwaltungsbetrieben durch die Haushaltsgrundgesetze der Landes- und Bundeshaushaltsordnungen kostenorientierte Handlungsmaximen auferlegt. Somit sollen sich öffentliche Verwaltungsbetriebe an die

---

[14] Vgl. Berens, W., Hoffjan, A. (Controlling 2004) S. 700

[15] Vgl. Braun, G.E., (Ziele 1988), S. 96 ff.

[16] Vgl. Siems, C., (Public 2005), S. 18

[17] Vgl. Richter, M., (Controllingkonzeption 2000), S. 20 f.

[18] Vgl. Seifert, K., (Prozessmanagement 1998), S. 23

[19] Vgl. Braun, G.E., (Ziele 1988), S. 100 f.

[20] Vgl. Braun, G.E., (Ziele 1988), S. 102 ff.

[21] Vgl. Richter, M., (Controllingkonzeption 2000), S. 22

Maximen Notwendigkeit, Sparsamkeit und Wirtschaftlichkeit halten. Das Notwendigkeitsprinzip besagt, dass nur erforderliche Aufgaben und Projekte verwirklicht werden sollen. In Bezug auf das Sparsamkeitsprinzip sollen die Ausgaben dabei möglichst gering gehalten werden. Das Wirtschaftlichkeitsprinzip besagt, dass das günstigere Verhältnis zwischen Aufwand und Ertrag anzustreben ist.[22]

Neben den gewinn- und kostenorientierten Erfolgszielen sind politische, verwaltungs-orientierte und rechtliche Erfolgsziele von Bedeutung. Politische Ziele sind auf die Stimmenmaximierung der Politiker und damit verbunden auf den Machterwerb oder dem Machterhalt der Parteien gerichtet. Sie dienen ebenfalls der Förderung des Gemeinwohles.[23] Die öffentliche Verwaltung verfolgt administrative (verwaltungs-orientierte) Erfolgsziele. Das Streben nach Budgetmaximierung spielt ebenso eine Rolle, wie die positive Anerkennung der Tätigkeit durch die Öffentlichkeit. Des Weiteren werden Kosten mehr als notwendig erhöht. Das Gemeinwohl wird bei den Erfolgszielen vernachlässigt. Rechtliche Erfolgsziele berufen sich auf den Grundsatz der Rechtmäßigkeit des Verwaltungshandelns Die Verwaltung darf i.d.R. nur aufgrund einer gesetzlichen Ermächtigung agieren.[24]

Finanzielle Zielinhalte haben die Sicherung der Liquidität zum Gegenstand. Einnahmen und Ausgaben sollen ausgeglichen sein.

Das Planungssystem ist ein Teil des Führungssystems, indem alle Planungsfunktionen gebündelt werden. Die Verwaltung kann das Planungssystem nicht selbstständig formulieren, es ist wie das Zielsystem größtenteils fremdbestimmt. Politische Instanzen regeln die Programmplanung, die Infrastrukturplanung und fachspezifische Planungen.[25]

Das Kontrollsystem ist ein Subsystem des Führungssystems, welches die Kontroll-funktionen des Verwaltungsbetriebes gruppiert. Da die Verwaltung über einen wesentlichen Teil der erhobenen Steuern verfügt, existiert ein ausgeprägtes Interesse die Mittelverwendung zu kontrollieren. Zumal die öffentliche Verwaltung in vielen Bereichen eine Monopolstellung innehat. Ebenfalls ist eine interne Kontrolle erforderlich.[26] Während die interne Kontrolle meist von einer übergeordneten Instanz übernommen wird, erfolgt eine externe Kontrolle durch das Parlament, die Gerichte und die Öffentlichkeit. [27]

---

[22] Vgl. Seifert, K., (Prozessmanagement 1998), S. 25
[23] Vgl. Braun, G.E., (Ziele 1988), S. 107 ff.
[24] Vgl. Braun, G.E., (Ziele 1988), S. 117 ff.
[25] Vgl. Rupp, T., (Controlling 2002), S. 110
[26] Vgl. Sieben, G., Ossandnik, W. (Revision 1989), S. 691 f.
[27] Vgl. Rupp, T., (Controlling 2002), S. 114 f.

Die öffentliche Verwaltung hat auf der einen Seite die richtigen Leistungen in entsprechender Qualität zu erbringen und auf der anderen Seite den Prozess der Leistungserstellung möglichst effizient zu erstellen. Es ist die Aufgabe des Controllings öffentlicher Verwaltungsbetriebe beide Gesichtspunkte zu begünstigen.[28]

4 Controllinginstrumente der öffentlichen Verwaltung

4.1 Prozessorientierte Kostenrechnung

4.1.1 Definition

Die Prozesskostenrechnung ist eine Vollkostenrechnung mit der Untergliederung in Kostenarten-, Kostenstellen- und Kostenträgerrechnung.[29]

Ursprünglich wurde die Prozesskostenrechnung entwickelt um eine verursachungsgerechte Zuordnung der Gemeinkostenbereiche in einem Produktionsunternehmen umzusetzen.[30] Sie ist ein Instrument zur Planung, Steuerung und Verrechnung von Gemeinkostenbereichen, welches unter anderem auf die im Folgenden beschriebenen Sichtweisen Bezug nimmt:

Aktivitäten des Leistungsprozesses werden definiert und deren Ressourceninanspruchnahme ermittelt. Somit entsteht Transparenz hinsichtlich Kostenhöhe und Kostenanteile der Prozesse eines Unternehmens. Des Weiteren werden mittel- und langfristige Einflussgrößen des Ressourcenbedarfes kenntlich gemacht. Die Prozesskostenrechnung stellt Kosten- und Kapazitätswirkungen veränderter Ablaufstrukturen, einer veränderten Anzahl der Prozessdurchführungen sowie einer rationellen Prozessgestaltung. Für den Fall, dass Ursache-Wirkungs-Zusammenhänge existieren, sind Prozesskosten auf Produkte, Aufträge, Kunden oder Marktsegmente zurechenbar, um den Ressourcenverzehr aus dem indirekten Bereich sichtbar zu machen.[31]

Die prozessorientierte Kostenrechnung wurde für Unternehmensbereiche mit hohem Gemeinkostenanteil entwickelt und soll die Nachteile der traditionellen Vollkostenrechnung welche die Gemeinkosten anhand von Verteilungsschlüsseln über die Kostenstellen bis auf die Kostenträgerverrechnet, bei der Gemeinkostenverrechnung ausgleichen.[32]

---

[28] Vgl. Richter, M., (Controllingkonzeption 2000), S. 1

[29] Vgl. Homann, K., (Verwaltungscontrolling 2005), S. 95

[30] Vgl. Schwarze, J., Koß, T., (Kosten- und Leistungsrechnung 1996), S. 63

[31] Vgl. Mayer, R., (Prozesskostenrechnung 1998), S. 5

[32] Vgl. Stelling, J.N., (Kostenmanagement 2009), S. 155

Die Prozesskostenrechnung verrechnet die Gemeinkosten über Prozessbezugsgrößen und Prozesskostensätze auf die Kostenträger.[33] Ausschlaggebend für die Prozesskostenrechnung ist die Annahme, dass Produkte Kosten verursachen, indem sie Prozesse bzw. Aktivitäten beanspruchen. Prozesse, auch bezeichnet als Aktivitäten, Tätigkeiten oder Transaktionen, sind Vorgänge innerhalb einer Kostenstelle, die Ressourcen verbrauchen.[34]

Im Rahmen einer Tätigkeitsanalyse werden die einzelnen Tätigkeiten bzw. Aktivitäten der zu untersuchenden Kostenstelle dokumentiert und analysiert. Im Anschluss werden sachlich zusammenhängende Tätigkeiten innerhalb einer Kostenstelle zu Teilprozessen zusammengefasst, welche jeweils einer Kostenstelle zugeordnet werden können. Danach werden die kostenstellenbezogenen Teilprozesse zu kostenstellenübergreifenden Hauptprozessen zusammengeführt.[35] In der folgenden Abbildung ist die so genannte Prozesshierarchie dargestellt.

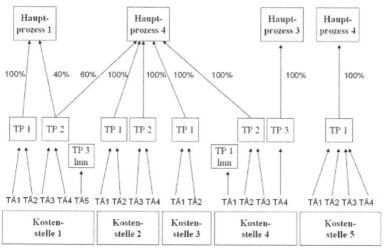

Abb. 1 Prozesshierarchie der Prozesskostenrechnung
http://www.finanzchef.de/files/prozess-opt-pro-kostenrechnung5.jpg

Im Anschluss werden die Prozessbezugsgrößen ermittelt, welche für die Höhe der Kosten maßgeblich sind und die bei der zahlenmäßigen Erfassung von Prozessleistungen benötigt werden. Sie bilden die Basis für die Verrechnung der Gemeinkosten. Um geeignete Bezugsgrößen auswählen zu können, ist es relevant ob es sich um leistungsabhängige oder leistungsunabhängige Prozesse handelt. Es folgt die Planung der Prozessmengen im nächsten Arbeitsschritt. Prozessmengen sind

---

[33] Vgl. Homann, K., Verwaltungscontrolling 2005), S. 95

[34] Vgl. Stelling, J.N., (Kostenmanagement 2009), S. 155 f.

[35] Vgl. Homann, K., Verwaltungscontrolling 2005), S. 95 f.

messbare Leistungen, die einer Bezugsgröße zugeordnet werden und auf deren Basis für jeden Prozess die jeweiligen Kosten zu planen sind. Indem man die Prozessmenge durch die jeweiligen Prozesskosten dividiert, können die Prozesskostensätze errechnet werden. Diese können auf der Stufe der Kostenstellen und bei den kostenstellenübergreifenden Hauptkostenstellen zur Kontrolle der Kosten und der Wirtschaftlichkeit ihre Verwendung finden.[36]

4.1.2 Ziele und Aufgaben

Größere Betriebe arbeiten meist mit der Bezugsgrößenkalkulation. Seit den sechziger Jahren wurde verstärkt die Grenzplankostenrechnung eingesetzt. Sie sind vorwiegend fertigungsorientiert. Deshalb weisen sie gravierende Mängel in Bezug auf das Kostenmanagement der sogenannten administrativen bzw. indirekt-produktiven Bereiche auf und sind somit kein ausreichendes Instrumentarium der Planung, Steuerung und Kontrolle der Kosten. An diesem Punkt setzt die Prozesskostenrechnung an. Im Rahmen der Prozesskostenrechnung erhofft man sich eine Optimierung der Kalkulationsgenauigkeit. Eine bedeutende Rolle spielt ebenfalls ein leistungsfähiges Gemeinkostenmanagement.[37]

Des Weiteren soll mit Hilfe der Prozesskostenrechnung die Leistungs- und Kostentransparenz erhöht werden. Dies ist sowohl ein primäres Ziel als auch Voraussetzung für die Verwirklichung nachrangiger Zielstellungen. Die Unterteilung der Leistungsstellung einer Kostenstelle in Prozesse und deren ablauforientierte Zusammenführung zu Hauptprozessen soll den Leistungserstellungsprozess einsichtiger machen. Darauf baut die Kostenermittlung für die Durchführung eines Prozesses auf, welche eine Kostentransparenz ermöglicht, die mit traditionellen Rechnungssystemen in indirekt-produktiven Bereichen zuvor nicht erreicht werden konnte.

Die Effizienz des Ressourcenverbrauches zu optimieren ist ein weiteres Ziel der Prozesskostenrechnung. Mayer versteht hierunter eine genauere Planung, Steuerung und Kontrolle der Gemeinkosten und Budgets, welche sich am tatsächlichen Werteverzehr orientiert.[38] Die Prozesskostenrechnung soll durch eine analytische Planung und Kontrolle des Ressourcenverbrauches von kostenstelleninternen und kostenstellenübergreifenden Prozessen die Wirtschaftlichkeitskontrolle und -steuerung optimieren. Des Weiteren soll die Produktkalkulation optimiert werden. Die Prozesskostenrechnung soll die Gemeinkosten indirekt-produktiver Bereiche verursachungsgerecht verteilen. Außerdem soll unter Zuhilfenahme der Prozesskostenrechnung Zahlenmaterial für mittel- und langfristige Entscheidungen

---

[36] Vgl. Homann, K., Verwaltungscontrolling 2005), S. 95 f.

[37] Vgl. hierzu und zu den folgenden Absatz: Seifert, K., (Prozessmanagement 1998), S. 167 ff.

[38] Vgl. Mayer, R., Anwendungsfelder der Prozesskostenrechnung zur Center Steuerung, in: Horváth, P., (Hrsg.): Effektives und schlankes Controlling, Stuttgart 1992, S. 113-126 zitiert nach Seifert, K. (Prozessmanagement 1998), S. 167

bereitgestellt werden. Die Informationslücke der traditionellen Rechnungssysteme in Hinsicht auf entscheidungsrelevante Kosten der indirekt-produktiven Bereiche soll geschlossen werden.[39]

4.1.3 Kritische Würdigung

Die Ursprünglich für die Gemeinkostenbereiche erwerbswirtschaftlicher Unternehmen entwickelte Prozesskostenrechnung ist grundsätzlich auch für öffentliche Verwaltungen geeignet.[40]

Die Eignung dieses Kostenrechnungssystems wird insbesondere damit begründet, dass öffentliche Verwaltungen im Allgemeinen durch hohe Gemeinkostenanteile gekennzeichnet sind. Mit Hilfe der Prozesskostenrechnung kann die Leistungserstellung der öffentlichen Verwaltung gut dargestellt werden.[41] Gemeinkostenintensive Verwaltungsbereiche werden unter Zuhilfenahme der Prozesskostenrechnung durchsichtig gemacht, somit ergeben sich Ausgangspunkte für die Kostenkontrolle. Mögliche Einsparpotentiale werden aufgedeckt und können genutzt werden. Die zugehörigen Kosten zu den Verwaltungsleistungen lassen sich mit Hilfe der Prozesskostenrechnung im Vergleich zur Vollkostenrechnung besser zuordnen. Somit kann eine verursachungsgerechte Entgeltkalkulation erstellt werden.[42]

Bei der Prozesskostenrechnung wird die Möglichkeit, leistungsmengenunabhängige Kosten anders zu verrechnen als leistungsmengenabhängige Kosten, als bedeutende Neuerung dieses Kostenrechnungssystems hervorgehoben. Es wird beanstandet, dass die Prozesskostenrechnung sich nicht wesentlich von der Bezugsgrößenkalkulation abhebt, die innerhalb einer Vollkostenrechnung denkbar ist. Im Vergleich mit der Zuschlagskalkulation jedoch, stellt sie einen Fortschritt dar.[43]

Da dieses Kostenrechnungssystem komplex ist, sind die Einführung der Prozess-kostenrechnung und der laufende Betrieb mit einem hohen Aufwand verbunden. Flächendeckend sollte die Prozesskostenrechnung deshalb nicht implementiert werden. Einer Verwendung zusätzlich zur Standardkostenrechnung in gemein-kostenintensiven Verwaltungsbereichen spricht allerdings nichts entgegen.[44]

Die Prozesskostenrechnung lässt sich in das BSC-System, auf welches im Folgenden eingegangen wird, integrieren.

---

[39] Vgl. Seifert, K., (Prozessmanagement 1998), S. 167 ff.

[40] Vgl. Schmidberger, J., (Controlling 1994), S. 286 f.

[41] Vgl. Stelling, J.N., (Kostenmanagement 2009), S. 132

[42] Vgl. Homann, K., Verwaltungscontrolling 2005), S. 98

[43] Vgl. Stelling, J.N., (Kostenmanagement 2009), S. 132

[44] Vgl. Homann, K., Verwaltungscontrolling 2005), S. 99

4.2 Balanced Scorecard

4.2.1 Definition

Die BSC ist das Ergebnis der Studie „Performance-Measurement" des Professor Robert S. Kaplan und des Geschäftsführers des Nolan Norton Instituts David P. Norton. Sie wurde als Controllinginstrument für den privatwirtschaftlichen Bereich entwickelt. Man nannte das Konzept „Balanced Scorecard" um zum Ausdruck zu bringen, dass es sich um ein ausgewogenes System mit Bezug auf die Erfolgsmessung handelt.[45] Das Konzept wurde zu Beginn der neunziger Jahre als reines Kennzahlensystem präsentiert. In weiteren Veröffentlichungen wurde es zu einem strategischen Managementsystem ausgearbeitet.[46] Sie beruht auf der Erkenntnis, dass trotz eines sich in monetären Größen niederschlagenden unternehmerischen Erfolges nichtfinanzielle Größen in einem leistungsregelnden Berichtssystem in den Mittelpunkt gestellt werden.[47]

Die BSC ist ein Instrument, welches das Ziel- und das Planungssystem der öffentlichen Verwaltung verbindet, da sowohl Ziele als auch Maßnahmen dokumentiert werden.[48]

4.2.2 Ziele und Aufgaben

Die Dokumentation der Ziele und die Konkretisierung der Ziele in einzelne Managementaktivitäten ist eine wesentliche Aufgabe der BSC.[49]

Die BSC dient in erster Linie der Klärung, Konkretisierung und Umsetzung von Strategien in Ziele. Dabei informiert die Scorecard mit Hilfe von Kennzahlen über vergangenen und gegenwärtigen Erfolg.[50]

Eine „ausbalancierte" Scorecard findet die Balance zwischen finanziellen und nicht-finanziellen Messgrößen, zwischen strategischen und operativen Sichtweisen und zwischen Vergangenheits- und Zukunftsorientierung.[51]

Norton und Kaplan haben vier Perspektiven für das Grundmodell der BSC konzipiert, damit Unternehmensaktivitäten ausgewogen betrachtet werden können.[52] Diese werden im Kapitel 4.2.3 dargestellt. Die Umsetzung der Strategie erfolgt dabei in vier Arbeitsschritten: für jede Perspektive müssen Ziele, Kennzahlen, Vorgaben und

---

[45] Vgl. Kaplan, R., Norton, D. (Scorecard 1997), Vorwort VII
[46] Vgl. Stein, B, (Konzeption 2003), S. 56
[47] Vgl. Stelling, J.N., (Kostenmanagement 2009), S. 293
[48] Vgl. Rupp, T., (Controlling 2002), S. 188
[49] Vgl. Rupp, T., (Controlling 2002), S. 184
[50] Vgl. Kaplan, R., Norton, D. (Scorecard 1997), S. 23
[51] Vgl. Kaplan, R., Norton, D. (Scorecard 1997), S. 10
[52] Vgl. Homann, K., Verwaltungscontrolling 2005), S. 59

Maßnahmen festgelegt werden. Die Ziele geben vor, wie die Umsetzung der Strategie ablaufen soll. Sie werden Kennzahlen zugeordnet. Die Vorgaben für zukünftige Zustände, die erreicht werden sollen, werden vorgegeben. Letztendlich werden brauchbare Maßnahmen zur Realisierung der Vorgaben entwickelt.[53]

4.2.3 Perspektiven nach Kaplan und Norton

In dem Grundmodell der BSC werden die Kundenperspektive, die Lern- und Entwicklungsperspektive, die finanzwirtschaftlichen Ziele und eine Prozessperspektive betrachtet.[54]

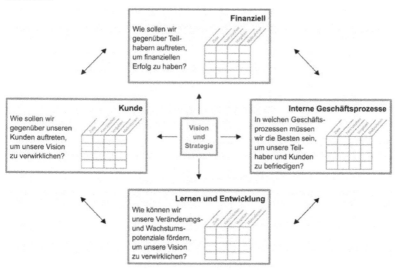

Abb. 2: Aufbau der Balanced Scorecard mit vier Perspektiven

Die Kundenperspektive definiert Ziele, die bei dem Kunden erreicht werden müssen, damit sich finanzieller Erfolg einstellt. Kennzahlen wie Marktanteile, Kundentreue und Kundenzufriedenheit sollen darstellen, wie das Unternehmen aus Kundensicht bewertet wird.[55]

Die Kennzahlen der Entwicklungsperspektive sollen einerseits die Innovationsfähigkeit des Unternehmens aufzeigen und andererseits den notwendigen Wandel sowie die

---

[53] Vgl. Homann, K., Verwaltungscontrolling 2005), S. 60 f.

[54] Vgl. Kaplan, R., Norton, D. (Scorecard 1997), S. 24

[55] Vgl. Kaplan, R., Norton, D. (Scorecard 1997), S. 24 f.

personelle Entwicklung der Beschäftigten sicherstellen. Mögliche Kennzahlen sind Mitarbeiterzufriedenheit, Weiterbildungstage pro Mitarbeiter und Fluktuationsrate.[56]

Die Kennzahlen der finanzwirtschaftlichen Ziele sollen überprüfen, ob die umgesetzten Strategien zu den erwarteten finanziellen Ergebnissen führen. Typische Finanzkennzahlen greifen zurück auf Rentabilität, Wachstum und Unternehmenswert.[57] Die finanzielle Perspektive ist das Oberziel aller Perspektiven und fungiert somit der Orientierung der anderen Perspektiven.[58]

Die Kennzahlen der vierten Perspektive der BSC, die Prozessperspektive, liefern Informationen über betriebsinterne Prozesse. Sie können beispielsweise gemessen werden an den Durchlaufzeiten eines Auftrages, den Prozesskosten eines Auftrages und an der Ausfall- bzw. Fehlerrate.[59]

Für jede dieser Perspektiven soll das Management drei bis fünf Jahre im Voraus Ziele für die Scorecard-Kennzahlen festlegen, die als Leitfaden dienen.[60]

4.2.4 Übertragung auf öffentliche Verwaltungen

Das Grundlagenmodell der BSC für erwerbswirtschaftliche Unternehmen, wie oben erläutert, kann nicht ohne weiteres auf die öffentliche Verwaltung übertragen werden. Die Spezifikationen der öffentlichen Verwaltung erfordern eine Modifizierung der BSC.

Kaplan und Norton befürworten die Übertragung der BSC auf öffentliche Verwaltungen, jedoch kann die Finanzperspektive nicht das Oberziel der BSC sein. Die Aufbaustruktur der BSC kann so umgestellt werden, dass die Kundenperspektive oder Teile der Kundenperspektive an der Spitze stehen[61]

Berens und Hoffjan haben ein Konzept für eine BSC in öffentlichen Verwaltungen entwickelt, welches die Kundenperspektive in eine Perspektive der Leistungswirkung und eine Perspektive der Leistungserbringung untergliedert um ihre Bedeutung hervorzuheben. Im Gegensatz zu erwerbswirtschaftlichen Unternehmen ist die Finanzperspektive von untergeordneter Bedeutung. Gemeinsam mit der Entwicklungsperspektive ist sie dennoch für den Erhalt einer zukunftsfähigen Verwaltungseinheit verantwortlich. Bei der Prozessperspektive ist zu beachten, dass öffentliche Verwaltungen Dienstleistungen erbringen. Um eine Dienstleistung zu erstellen, müssen Produktionsfaktoren des Kunden berücksichtigt werden. Somit beeinflusst der Nachfrager einen Teil der Prozesse. Aus diesem Grund sollte die Prozessperspektive der BSC für öffentliche Verwaltungen die Eingriffsdimensionen

---

[56] Vgl. Kaplan, R., Norton, D. (Scorecard 1997), S. 27

[57] Vgl. Kaplan, R., Norton, D. (Scorecard 1997), S. 24

[58] Vgl. Wöhe, G., (Betriebswirtschaftslehre 2010, S. 212

[59] Vgl. Kaplan, R., Norton, D. (Scorecard 1997), S. 25 f.

[60] Vgl. Kaplan, R., Norton, D. (Scorecard 1997), S. 13

[61] Vgl. Kaplan, R., Norton, D. (Scorecard 1997), S. 173-181

einbeziehen. Bei der Lern- und Entwicklungsperspektive besteht laut Berens und Hoffjan kein Änderungsbedarf. Die Prozessperspektive jedoch wird um eine Mitarbeiterperspektive ergänzt.[62]

Richter empfiehlt eine Ergänzung der Bürgerperspektive um eine Politikperspektive. Er stellt die zu erfüllenden öffentlichen Aufgaben als wichtigste Zielgröße des Verwaltungsbetriebes an die Spitze der BSC.[63]

Sowohl das Konzept von Richter als auch das von Berens und Hoffjan hat die Kunden- bzw. Bürgerperspektive eine besondere Bedeutung. In beiden Konzepten werden die Prozess- und Entwicklungsperspektive als wesentliche Komponenten angesehen. Ebenfalls halten beide eine Finanzperspektive für unentbehrlich.

Scherer schlägt vor die Finanzperspektive durch die Perspektive der „Wirtschaftlichkeit und Gesetzmäßigkeit" und die Kundenperspektive durch die Perspektive der „Gewinnorientierung/Bürgerperspektive" zu ersetzen. Die Prozessperspektive und die Entwicklungsperspektive bleiben unverändert. Die Perspektive „Gemeinwohl- orientierung/Bürgerperspektive" bestimmt die Leistungen der Verwaltung gegenüber den Bürgern aus Sicht der Leistungsempfänger. Bei der Perspektive „ Wirtschaftlichkeit und Gesetzmäßigkeit" geht es darum, welche wirtschaftlichen und rechtlichen Beschränkungen eingehalten werden sollten um den gesetzlichen Verwaltungsauftrag zu erfüllen.[64]

4.2.5 Kritische Würdigung

Als Kennzahlensystem ist die BSC insbesondere durch die Perspektiven fortschrittlich. Da die BSC nicht, wie die meisten anderen Controllingverfahren, allein auf monetäre Sichtweisen Bezug nimmt[65], ist sie geeignet für die öffentliche Verwaltung. Sie verbindet Kennzahlen finanzieller und nicht finanzieller Art miteinander. Die BSC kann so verändert werden, dass die finanzielle Einheit in den Hintergrund tritt und die qualitativen nicht-monetären Größen herausgestellt werden.[66]

Des Weiteren sind beim Scorecard-Konzept keine erheblichen Einschränkungen betreffend Art und Anzahl der Perspektiven gegeben. Das Grundmodell kann erweitert oder durch andere Perspektiven ersetzt werden. Dieses variable Konzept kann somit gut an die Bedingungen der öffentlichen Verwaltungen, die im Kapitel 3 erläutert

---

[62] Vgl. Berens, W., Hoffjan, A. (Verwaltung 2004), S. 114 f.

[63] Vgl. Richter, M., (Controllingkonzeption 2000), S. 73

[64] Vgl. Scherer, A.G., (Scorecard 2002), S. 18

[65] Vgl. Hoffjan, A., Karlowitsch, M., Rehbach, C., (Erfolgsbeurteilung 2000), S. 236 ff.

[66] Vgl. Berens, W., Hoffjan, A., (Verwaltung 2004), S. 113

wurden, angepasst werden. Die BSC ist zukunftsorientiert. Traditionelle Ansätze sind gewöhnlich fixiert auf finanzielle und vergangenheitsbezogen Größen.[67]

5 Abschließende Betrachtung

Öffentliche Institutionen sind gezwungen, ihre Organisationsstrukturen und Arbeitsabläufe zu überprüfen und ihre Dienstleistungen so kosteneffizient wie möglich zu erbringen.

Im Gegensatz zum Zielsystem der erwerbswirtschaftlichen Betriebe ist das Ziel der Gewinnmaximierung in der öffentlichen Verwaltung nicht von Bedeutung. Erwerbswirtschaftliche Betriebe realisieren Leistungs-, Kosten- und Finanzziele an der Zielgröße „Gewinn". Verwaltungsbetriebe erfüllen ihre Leistungs- und Erfolgsziele indem Kostenziele und politische Entscheidungen berücksichtigt werden.

Die Prozesskostenrechnung ordnet den Verwaltungsleistungen die dazugehörigen Kosten besser zu als die Vollkostenrechnung. Somit kann eine verursachungsgerechte Entgeltkalkulation angefertigt werden. Es wird empfohlen, die prozessorientierte Kostenrechnung zusätzlich zu der Standardkostenrechnung in gemeinkostenintensiven Verwaltungsbereichen einzuführen. Da es sich um ein komplexes Kostenrechnungssystem handelt und deshalb die Implementierung und der laufende Betrieb sehr aufwendig ist, sollte die Prozesskostenrechnung nicht flächendeckend eingesetzt werden.

Die BSC hat sich nicht nur in erwerbswirtschaftlichen Unternehmen durchgesetzt, sondern kommt auch in öffentlichen Verwaltungen zum Einsatz. Für die öffentliche Verwaltung kann die BSC sowohl zur Definition und wissenschaftlichen Umsetzung der politischen Ziele als auch der verwaltungsinternen Dokumentation des Zielsystems dienen. Um die BSC auf die öffentliche Verwaltung übertragen zu können, muss die Aufbaustruktur dieser abgeändert werden, denn im Gegensatz zu erwerbswirtschaftlichen Unternehmen ist die Finanzperspektive in öffentlichen Verwaltungen von sekundärer Bedeutung. Da die BSC nicht ausschließlich auf monetäre Sichtweisen begrenzt ist und das Grundmodell an die Gegebenheiten der Verwaltungsbetriebe angepasst werden kann, ist eine Übertragung auf die öffentliche Verwaltung zu befürworten.

Mit der prozessorientierten Kostenrechnung und der BSC wird sich die Wissenschaft auch in der Zukunft beschäftigen, um diese an die Bedürfnisse der öffentlichen Verwaltung anzupassen, wobei die Vielseitigkeit der Perspektiven der BSC sicher noch erforscht wird.

---

[67] Vgl. Stelling, J.N., (Kostenmanagement 2009), S. 293

Literaturverzeichnis

Berens, W., Hoffjan, A., (Controlling 2004), Controlling in öffentlichen Verwaltungen und Non-Profit-Organisationen, in: Grob, H.-L., Vom Brocke, J., Lehme, N., Wahn, M., Controlling: Lerneinheiten zum Wissensnetzwerk Controlling, München 2004, S. 693-777

Berens, W., Hoffjan, A., (Verwaltung 2004), Controlling in der öffentlichen Verwaltung, Grundlagen, Fallstudien, Lösungen, Stuttgart 2004

Brede, H., (Ziele 1989) Ziele öffentlicher Verwaltungen in: Chmielewiecz, K., Eichhorn, P., Handwörterbuch der öffentlichen Betriebswirtschaftslehre, Stuttgart 1989, S. 1867-1872

Braun, G.E., (Ziele 1988), Ziele in öffentlicher Verwaltung und privatem Betrieb, Baden-Baden 1988

Eichhorn, P., (Betriebswirtschaftslehre 1997), Öffentliche Betriebswirtschaftslehre: Beträge zur BWL öffentlicher Verwaltungen und öffentlichen Unternehmen, Baden-Baden 1997

Eichhorn, P., (Betriebswirtschaftslehre 1985), Essentialien der Öffentlichen Betriebswirtschaftslehre, in: Eichhorn, P. (Hrsg.), Betriebswirtschaftliche Erkenntnisse für Regierung, Verwaltung und öffentliche Unternehmen, Baden-Baden 1985

Eichhorn, P., Friedrich, P. (Verwaltungsökonomie 1976), Verwaltungsökonomie I, Baden-Baden 1976

Heinen, E., (Entscheidungen 1971), Grundlagen betriebswirtschaftlicher Entscheidungen – Das Zielsystem der Unternehmung, 2., Wiesbaden 1971

Hoffjan, A., Karlowitsch, M., Rehbach, C., (Erfolgsbeurteilung 2000), Erfolgsbeurteilung internationaler Unternehmen unter Anwendung der Balanced Scorecard, dargestellt am Beispiel eines Joint-Ventures, in: Controlling international tätiger Unternehmen, Hrsg. von Berens, W., Born, A., Hoffjan, A, Stuttgart 2000, S. 227-258

Homann, K., Verwaltungscontrolling 2005), Verwaltungscontrolling Grundlagen, Konzept, Anwendung, Wiesbaden 2005

Horváth, P., (Controlling 2009), Controlling, 11.vollständig überarbeitete Aufl., München 2009

Kaplan, R., Robert, D., (Scorecard 1997), Balanced Scorecard, Stuttgart 1997

Lüder, K., (Verwaltungen 1989), Öffentliche Verwaltungen in: Chmielewiecz, K., Eichhorn, P., Handwörterbuch der öffentlichen Betriebswirtschaftslehre, Stuttgart 1989, S. 1152-1164

Mayer, R., (Prozesskostenrechnung 1998), Prozesskostenrechnung – State oft he Art, Hrsg.: Horváth & Partners, Prozesskostenmanagement, 2.Aufl., Stuttgart 1998, S. 3-27

Richter, M., (Controllingkonzeption 2000), Controllingkonzeption für öffentliche Verwaltungen, Hamburg 2000

Rupp, T., (Controlling 2002), Multiperspektivisches Controlling für die öffentliche Verwaltung, Hamburg 2002

Scherer, A.G., (Scorecard 2002), Besonderheiten der strategischen Steuerung in Öffentlichen Institutionen und der Beitrag der Balanced Scorecard, in: Balanced Scorecard in Verwaltung und Non-Profit-Organisationen, Hrsg. Scherer, A.G., Alt, J.M., Stuttgart 2002

Schmidberger, J., (Controlling 1994), Controlling für öffentliche Verwaltungen, 2. Aufl., Wiesbaden 1994

Schwarze, J., Koß, T., (Kosten- und Leistungsrechnung 1996), Prozessorientierte Kosten-und Leistungsrechnung in der öffentlichen Verwaltung, Hannover 1996

Seifert, K., (Prozessmanagement 1998), Prozessmanagement für die öffentliche Verwaltung, Wiesbaden 1998

Sieben, G., Ossandnik, W. (Revision 1989), Interne Revision in: Chmielewiecz, K., Eichhorn, P., Handwörterbuch der öffentlichen Betriebswirtschaftslehre, Stuttgart 1989, S. 690-696

Siems, C., (Public 2005), Public Target Costing – Zielkostenmanagement als Controllingkonzept für die öffentliche Verwaltung, Frankfurth am Main 2005

Stein, B., (Konzeption 2003), Konzeption eines mehrdimensionalen Kennzahlensystems als Instrument der Erfolgssteuerung in der öffentlichen Verwaltung, Berlin 2003

Stelling, J.N., (Kostenmanagement 2009), Kostenmanagement und Controlling, 3. Unveränderte, München 2009

Wöhe, G. (Betriebswirtschaftslehre 2010), Einführung in die Betriebswirtschaftslehre, 24. überarbeitete und aktualisierte Aufl., München 2010

Lightning Source UK Ltd.
Milton Keynes UK
UKHW040607090919
349449UK00001B/98/P